¿PODRÍAS BAJAR EL VOLUMEN, POR FAVOR?

Pablito, un niño de diez años, disfruta de sus vacaciones
en un tranquilo entorno natural junto a sus padres y su perrita Lulú. Aunque su hogar es un refugio de paz, Pablito enfrenta dificultades con los ruidos fuertes e inesperados que le afectan intensamente. En la escuela, esta sensibilidad complica su vida diaria, pero la empatía de sus compañeros Sebastián y Quiqui les permite descubrir el verdadero Pablito. Esta historia destaca la importancia de la comprensión y la amistad para superar las barreras de la comunicación.

Valores implícitos

Mediante esta historia se resalta la empatía, la amistad y la aceptación de las diferencias individuales. Enseña a valorar la diversidad y a ser comprensivos con quienes enfrentan desafíos únicos. A través de la experiencia de Pablito, los lectores aprenden la importancia de crear un entorno inclusivo y respetuoso.

TITANES

¿Podrías bajar el volumen, por favor?

© del texto: Trini Torres Carrión
© de las ilustraciones: Juan Jesús Bonilla
© del diseño y corrección: Equipo BABIDI-BÚ

© de esta edición:
Editorial BABIDI-BÚ, 2025
Avda. San Francisco Javier, 9, 6ª, 23
Edificio Sevilla 2
41018 - SEVILLA
Tlfn: 912.665.684
info@babidibulibros.com
www.babidibulibros.com

Impreso en España
Primera edición: febrero, 2025

ISBN: 979-13-87558-99-4
Depósito Legal: SE 2679-2024

¿PODRÍAS BAJAR EL VOLUMEN, POR FAVOR?

Trini Torres Carrión

Ilustrado por Juan Jesús Bonilla

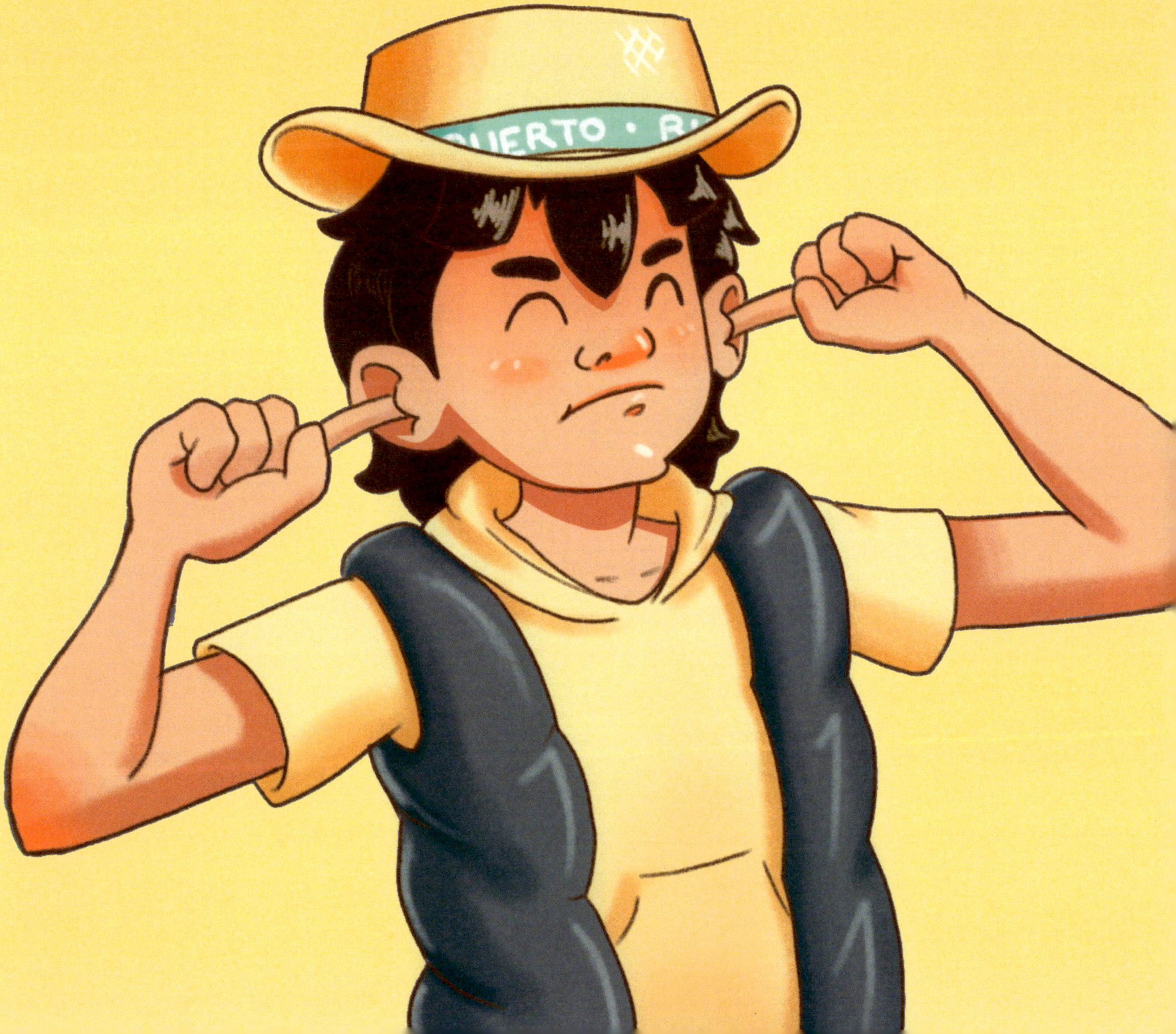

Pablito es un niño de diez años que vive con sus padres, don José y doña María, y su perrita Lulú. Su casa es de madera, con un paisaje espectacular, retirada de los ruidos de autos, construcciones y altavoces.

Pablito se siente felizmente rodeado de árboles frutales, flores, pájaros y diferentes animales de granja, así como de un riachuelo de agua fresca. Disfruta de la paz en su ambiente libre de ruidos molestos en el campo.

En el patio de atrás de su casa, Pablito se divierte en su hamaca y su trampolín azul. Nada en su piscina inflable.

Pablito tiene un gran talento en las bellas artes, especialmente en dibujar y pintar. Los escenarios de sus pinturas contienen nubes, árboles, pájaros, aviones, el sol y muchas otras cosas de la naturaleza. Desde muy pequeñito, ha desarrollado un gusto por la lectura.

Diríamos que en su casa hay decenas de libros de cuentos y libretas con sus hermosas obras de arte. Hay libretas para pintar y pinturas por cada esquina de su linda casa.

Le encanta salir a comprar sus materiales de pintura con sus papás. Él mismo los escoge y los lleva a la caja registradora.

Durante sus vacaciones, Pablito ha preparado ricos bizcochos con doña María, disfrutado de fogatas con don José y de actividades familiares con sus primos, tíos y Lulú.

Le gusta compartir con su familia, y suele llamar por FaceTime a sus familiares que viven lejos.

Ha disfrutado con sus amigos en el parque y en su casa.

Otra cosa que le encanta a Pablito es salir a comer comida mexicana y pollo con papas fritas.

Los ruidos molestos no siempre son posibles de evitar, así que utiliza audífonos que disminuyen los sonidos fuertes.

Ha llegado agosto, y Pablito comenzará el quinto grado. Uno pensaría que un niño que ha estado disfrutando tanto como él no querría regresar a la escuela. Pero, para sorpresa de todos, está muy contento. Es un niño curioso al que le gusta aprender y hacer nuevas amistades.

Se levanta temprano y ayuda a su mamá y papá a preparar el desayuno, pues a Pablito le gustan los «pancakes» de guineos maduros. Él mismo los prepara tal y como se lo enseñó su mamá.

Con su mochila nueva en la espalda, Pablito le da un beso y un fuerte abrazo a su mamá. Se despide de Lulú, pasándole la mano por su cabeza.

—¿Listo para la escuela, Pablito? —pregunta bien alegre don José.

—Sí, papá. Estoy listo. Adiós, mamá. Hasta luego —dice Pablito.

—Que tengas un lindo día, hijo. Dios te bendiga —se despiden ambos con otro beso soplado desde el auto. ¡Ese es el beso mágico lleno de mucho amor que dura hasta que regrese!

¡A la escuela van Pablito y su papá!

Mientras tanto, doña María se queda pensativa: «¿Cómo le irá a mi Pablito en su primer día de quinto grado? ¿Quiénes serán sus maestros? ¿Quiénes serán sus nuevos amiguitos?»

Por fin llegaron don José y Pablito a la escuela, que está rodeada de muchos árboles, un laguito y flores silvestres. ¡Un lugar muy hermoso para aprender!

Don José y Pablito se despiden con un gran abrazo.

—Hasta luego, Pablito. Pórtate bien.

—Hasta luego, papá.

Ambos se lanzan el beso mágico lleno de amor que dura hasta el regreso a casa.

Pablito camina hacia su salón hogar. Él es recibido amablemente por su maestra, la señora Sandra, quien también será su maestra de Música.

—Buenos días, Pablito. Bienvenido a tu salón hogar y tu salón de Música —le dice la señora Sandra.

—Buenos días, maestra. Gracias —responde Pablito.

—Puedes sentarte en el asiento identificado con tu nombre —indica su maestra.

Los compañeros estaban todos muy emocionados conociéndose unos a los otros. Hablaban todos a la vez. Pablito se mantiene callado y algo incómodo por el bullicio. La maestra pide orden para comenzar con la orientación de las actividades del inicio escolar.

En la escuela se enseñan todas las materias académicas como Español, Matemáticas e Inglés. También se enseñan distintos cursos de Bellas Artes y deportes, por ejemplo, canto, baile, correr, natación y trampolín. Todas interesantes y muy divertidas.

Terminada la orientación del salón hogar, comienza el periodo de su primera clase. Su primera clase del día será la de Música con la señora Sandra, en el mismo salón. Debido a que los estudiantes no tienen que salir del salón, tendrán diez minutos para poder estirarse.

—¿Listos para improvisar una orquesta? —pregunta la señora Sandra.

La maestra empieza a preguntarles si tocan algún instrumento, y les pone música para ver si pueden identificar los distintos sonidos instrumentales. Los invita a conocer los instrumentos musicales que hay en el salón. ¡Ellos tendrán que improvisar una orquesta! Ustedes tendrán la oportunidad de escoger un instrumento y otros roles como ser cantante, elegir el vestuario, inventarse la canción, entre otros.

¡Se había formado una fiesta de repente! Unos eligieron instrumentos de viento como la flauta, el clarinete y la trompeta. Pablito prefirió la guitarra. Los instrumentos de cuerda como la guitarra, el arpa, el violín y el piano son sus preferidos. Otros estudiantes prefirieron percusión como el tambor, los platillos y el timbal. ¡Los estudiantes están llenos de entusiasmo para comenzar a improvisar su orquesta! Pero antes, tienen que crear el nombre de su orquesta. «Mmm...», todos pensaron.

Una de las estudiantes que le encanta la música y toca el piano, llamada Quiqui, preguntó:

—¿Qué nombre le pondremos a nuestra orquesta?

—¿Qué les parece «Orquesta AlSon del Coquí»? —pregunta Quiqui.

La maestra y los demás compañeros respondieron fuertemente con un aplauso. Repentinamente, Pablito se notó incómodo al escuchar los aplausos y se tapó los oídos.

Su pronta reacción llama la atención de sus compañeros.

—¿Qué te pasa, Pablito? —pregunta Sebastián.

—¿Estás bien? —pregunta Quiqui—. Queremos ser tus amigos.

Pablito responde:

—¡Hola! —con sus oídos tapados con las manos, él sigue repitiendo—: ¡Hola! —hasta que se aparta de ellos.

La maestra observaba a sus tres estudiantes. Ella, tranquilamente, se acerca a Pablito y agradece el gesto de Sebastián y Quiqui.

—Pablito, ¿te sentirías mejor en otra clase que no sea música? —pregunta ella con su voz calmada.

Pablito continuaba con sus oídos tapados y repitiendo: «¡Hola!». Le está comunicando que tiene interés en su clase. Después de unos minutos, Pablito responde:

—No. Sí, quiero estar en la clase de Música, por favor.

—¡Perfecto! —responde la señora Sandra—. Estamos muy contentos de que estés con nosotros.

Mientras la clase continuaba, la maestra no le quita la mirada a Pablito. Ella conoce el problema con los ruidos fuertes de Pablito. Le enseñará al grupo cuál será la mejor forma de interactuar con él.

Es el momento de escuchar los sonidos de los instrumentos que escogieron para improvisar su Orquesta AlSon del Coquí. ¡Pero qué ruido tan espantoso! Especialmente los de la trompeta, el timbal y los platillos.

Pablito se levanta de su asiento cubriéndose los oídos. Los demás niños se miran unos a otros. La maestra le propone a Pablito ponerse sus audífonos que lleva en su mochila. Ella lo invita a acompañarla a una mesa en el rincón de la calma. Esta mesa cuenta con una pecera en su centro. Ellos cuentan del uno al diez mientras respiran y exhalan profundamente. Es la mesa donde los niños y la maestra pueden retirarse unos minutos cuando necesiten estar solos para sentirse mejor. Le llaman «la mesa de la serenidad»

Pablito, a los pocos minutos, vuelve alegre a su asiento.

—Niños, llegó la hora del cambio de clase. Espero que les haya gustado su primera clase de Música y de su Orquesta AlSon del Coquí. Hasta mañana —dice la maestra.

Sebastián y Quiqui se muestran preocupados por Pablito. Es de mucho agrado para la maestra verlos tan interesados por su compañero.

—¿Les gustaría a los dos acompañar a Pablito a su próxima clase? —pregunta ella.

—¡Síííí! —responden con mucho entusiasmo.

Es muy difícil entablar conversación con su nuevo amigo. Él parece no tener ningún interés en comunicarse con ambos. Pablito continua tapándose los oídos, pues hay ruido por los pasillos. De repente, él dice: «Hola».

Sebastián y Quiqui se sienten muy tristes. Terminó el día de clase, y cada niño sale para ir hacia su hogar.

Sebastián estaba deseoso de contarle lo de su nuevo amigo a su mamá, doña Rosita. Él quiere de verdad ser amigo de Pablito. Para bien de Sebastián, su mamá resulta ser amiga de doña María, la mamá de Pablito. Ella se siente muy orgullosa del interés de su hijo por su amigo y promete ayudarle.

Esa misma noche, doña Rosita llama a la mamá de Pablito para invitar a la familia a disfrutar de un pasadía familiar en el parque de la vecindad. Así Sebastián tendrá la oportunidad de conocer más a su nuevo amigo. La invitación es aceptada con mucha alegría por parte de los papás de Pablito.

El día del pasadía familiar llegó. Las familias se saludan alegremente. Los padres de Pablito traen una deliciosa ensalada de papas con pollo y frutas. Los niños se saludan y corren hacia los columpios. Sebastián habla con Pablito, pero Pablito no le responde mucho.

«Será porque es muy tímido», piensa Sebastián.

Los niños continúan meciéndose bien alto en silencio. De pronto, sus mamás los llaman para almorzar. Ellos corren al salón de actividades del parque para almorzar. Las dos familias están pasándolo de maravilla.

Es hora del postre. Don José proyecta en la pared un video de Pablito desde su celular. La idea es que Sebastián conozca mejor a Pablito. El video contiene retratos de Pablito caminando y pintando con su abuela en un parque.

—¡Qué bellezas de pinturas! —exclama Sebastián.

Pablito bailando y cantando merengue con doña María.

—¡Wow! —dice Sebastián—. ¡No podía creer que Pablito fuera tan buen bailarín, incluso mejor que yo!

Hay fotos de Pablito compartiendo con su familia por FaceTime.

—¡Qué niño tan parlanchín! —comenta Sebastián.

Más videoclips de Pablito felizmente cocinando, preparando bizcochos con sus papás y jugando con su perrita Lulú, practicando escritura y leyendo con su mamá, estudiando Matemáticas con su papá, entre otras actividades. ¡Es asombroso para Sebastián conocer que Pablito nadaba como un pez y que montaba a caballo como un jinete profesional!

Algo que llama la atención a Sebastián es que, en ninguna de las fotos, Pablito se tapaba los oídos. Él se ve como el niño más feliz del mundo con sus botas de granjero y sombrero de Puerto Rico. Inmediatamente, le pregunta a doña María:

—¿Por qué Pablito no se tapa los oídos como lo hace en la escuela?

Ella, muy amable, se sienta con él para explicarle que Pablito es muy sensible a los sonidos.

—Pablito escucha los sonidos fuertes como si fuera una radio en la que suenan muchas canciones a la vez.

—Eso se conoce como hipersensibilidad auditiva —explica don José—. El volumen alto o que le hablen más de una persona a la vez le causa mucho malestar. Pablito escucha los ruidos como cuando el mar está picado, que tiene un sonido fuerte y constante por las fuertes olas.

—Toda la familia y amigos evitamos levantar el volumen de nuestras voces al hablarle, y también el hacerlo varias personas a la vez —añade doña María.

—Cuando lo llevamos a pasear a lugares de mucho ruido como al centro comercial, al aeropuerto o a restaurantes, Pablito se pone unos audífonos que disminuyen los ruidos molestos —dice don José.

—Pero… ¿por qué enviarlo a la escuela donde hay tantos ruidos? —pregunta Sebastián.

—Porque a Pablito le encanta tener amigos y aprender como cualquier otro niño de su edad —contesta doña María.

—Además, los ruidos son inevitables. Pablito lucha contra los sonidos fuertes para vivir una vida como cualquier otro niño —añade don José.

—Sin embargo, podemos ayudarlo, hablándole solo una persona, bajando la voz y respetando su espacio cuando él se sienta abrumado —explica doña María.

—Con la ayuda de todos, la condición auditiva de Pablito puede controlarse, lo que le permitirá llevar una vida más calmada y feliz —comenta don José—. Pablito mismo da las señales de cómo se siente. Aunque la sensibilidad auditiva le dificulta hablar, él puede comunicarse.

Desde ese día, Sebastián deja su tristeza a un lado, pues ve que dentro de Pablito hay un héroe del que puede aprender. Comprende también que a su nuevo amigo se le hace difícil entender a los demás. Nunca se había imaginado que controlar el volumen de nuestras voces y no hablar varias personas a la vez podrían ser algo tan importante.

Sebastián corre a sentarse cerca de su nuevo amigo. Él quiere que Pablito entienda que tiene un amigo que lo comprende. Pablito lo mira y, con su hermosa sonrisa, le da las gracias.

Sebastián no puede esperar para contarle todo lo ocurrido a Quiqui. Él sabe que ella va a alegrarse mucho.

TTanto Pablito como Sebastián y Quiqui nos han enseñado que, a los diez años, se puede marcar la diferencia. La importancia de la solidaridad, el amor y las pequeñas cosas son responsables de lograr grandes cosas. La paciencia, el conocimiento y la comprensión son las virtudes deseadas para hacer amistad.

¡Colorín colorado, este cuento se ha acabado!

Espero que esta historia te ayude a apreciar y comprender la belleza de ser distinto. Sentir la empatía y el poder de la amistad para romper con las barreras de la comunicación, mejorando colectivamente el ambiente que nos rodea.